ARRÊT
DU PARLEMENT DE PROVENCE

CONTRE

Les Auteurs de l'Assassinat

Commis en 1605,

SUR

LA PERSONNE DE FRÉDÉRIC D

ÉVÊQUE DE MARSEILLE

PRÉCÉDÉ

D'UNE NOTICE HISTOR

Par Casimir **BOUSQUET**,

Membre actif de la Société de Statistique de Marseille; Membre
correspondant de la Société Littéraire de Lyon, de l'Aca-
démie Impériale du Gard, de la Société Française
pour la conservation et la description des mo-
numents historiques; Membre fondateur
directeur représentant la Société
des Archivistes de France dans
le Département des Bouches-
du-Rhône; etc.

NOUVELLE ÉDITION

Tirée à soixante exemplaires numérotés.

MARSEILLE

À LA LIBRAIRIE PROVENÇALE DE V. BOY,

Boulevard Dugommier, 1.

1858

ARRÊT
DU PARLEMENT DE PROVENCE

CONTRE

Les Auteurs de l'Assassinat

Commis en 1603,

SUR

LA PERSONNE DE FRÉDÉRIC DE RAGUENEAU,

ÉVÊQUE DE MARSEILLE,

PRÉCÉDÉ

D'UNE NOTICE HISTORIQUE

Par Casimir BOUSQUET,

Membre actif de la Société de Statistique de Marseille; Membre
correspondant de la Société Littéraire de Lyon, de l'Aca-
démie Impériale du Gard, de la Société Française
pour la conservation et la description des mo-
numents historiques; Membre fondateur
Directeur représentant la Société
des Archivistes de France dans
le Départemt des Bouches-
du-Rhône, etc.

NOUVELLE ÉDITION

Tirée à soixante exemplaires numérotés.

MARSEILLE.

A LA LIBRAIRIE PROVENÇALE DE V. BOY,

Boulevard Dugommier, 4.

1856

N°

A une époque où les documents historiques et bibliographiques sont en pleine faveur ; où les hommes intelligents recherchent avidement tout ce qui se rattache au passé, nous croyons être agréable aux collecteurs de notre ville en réimprimant une brochure relative à un épisode de l'histoire locale, et qui, n'ayant été vraisemblablement tirée qu'à un petit nombre d'exemplaires, est aujourd'hui d'une rareté excessive.

L'Arrest donné par la Cour de Parlement de Provence sur l'assassinat de Frédéric de Ragueneau, Evêque de Marseille, rappelle un évènement auquel Ruffi, lui-même, n'a consacré que quelques mots. Il importe donc de consigner ici divers détails sur ce prélat, et de jeter un rapide coup-d'œil sur l'époque orageuse au milieu de laquelle il vécut.

Frédéric de Ragueneau, que Ruffi, Papon et Belsunce appellent simplement Ragueneau, était fils de Jacques de Goury sieur du Plessis, en Touraine, et de Anne de Ragueneau. — D'après l'*Arrest*, où nous puisons ces renseignements, il paraîtrait que ces époux avaient plusieurs enfants ; mais nous n'en connaissons ni le nombre ni le sexe. Nous n'y trouvons pas non plus l'indication du lieu ni la date de la naissance de Frédéric, toutes choses sur lesquelles nos historiens se taisent également, pour ne s'occuper de lui qu'au moment où il succède à son oncle Pierre de Ragueneau, au siège épiscopal de Marseille, en 1570 (1).

Autant l'épiscopat de ce dernier avait été calme et tranquille, autant celui de Frédéric fut plein de troubles et de calamités.

A l'avènement de Ragueneau neveu, la France se trouvait en proie aux querelles religieuses ; les catholiques et les calvinistes préludaient par mille excès aux massacres de la Saint-Barthélemy, qui arrivèrent trois ans après.

Le clergé, alarmé du danger que couraient la Religion et l'Etat, s'assembla à Paris en 1573. L'Evêque de Marseille fut député par sa province pour assister à cette réunion. Bien que les huguenots se fussent emparés des biens ecclésiastiques partout où ils avaient été les maitres, et que le temporel des Eglises fut considérablement dérangé, on convint dans cette assemblée, d'accorder au Roi un don gratuit de daux millions de livres (2) ; mais comme il était impossible de

(1) Pierre de Ragueneau s'étant démis de l'Evêché en faveur de son nevou, vécut encore sept ans après sa démission. Il mourut à Marseille le 4 mai 1577.

(2) Cette somme est stipulée dans l'acte des enchères et aliénation de la partie de la juridiction de Saint-Marcel, dans laquelle se trouvait le domaine appelé *La Reynarde*. V. la note ci-après

prendre cette somme sur les revenus des églises, on permit aux bénéficiers d'aliéner une partie des fonds de leurs bénéfices pour acquitter les sommes auxquelles ils étaient taxés.

L'Evêque de Marseille paya de ses revenus la taxe qui lui avait été imposée pour le premier million et une partie de celle qu'il devait compter pour le second. Mais il lui restait encore à verser, le 9 septembre, *deux cent soixante quinze livres* plus quelques frais concernant la même contribution(1). Pour y satisfaire, il vendit une partie de la haute, moyenne et basse justice de la Seigneurie de Saint-Marcel, qu'il possédait en qualité de Baron d'Aubagne.

Pierre Huc, ayant rapporté l'adjudication du fief de la Reynarde, cette propriété fut érigée en Marquisat, vers le milieu du siècle dernier.

Le produit de ce premier immeuble étant insuffisant pour faire face au paiement de la taxe afférente à l'Evêque de Marseille, celui-ci dût conclure sous seing-privé un échange de sa terre de Cassis contre la moitié de celle de Roquefort qui appartenait au sieur d'Albertas, seigneur de Pechauri et de Ners. Par ce contrat d'échange le sieur d'Albertas s'obligeait à payer comptant à Frédéric de Ragueneau *six mille cinq cents livres*, dont une partie devait servir à solder le montant de la taxe en question, et l'autre devait être placée au profit de l'Evêché. Mais en apprenant la conclusion de cette affaire, les Consuls de Cassis y firent opposition ; et après un long débat dans lequel intervinrent le sieur Nicolas de Bausset, seigneur de l'autre moitié de Roquefort, capitaine du Château d'If et d'une galère du Roi, ainsi que les Consuls de Marseille eux-mêmes, il fut décidé par le Conseil de la Communauté de Cassis, que les Consuls de cette ville payeraient pour l'Evêque le solde de la taxe, mais à condition *qu'ils ne pourraient* jamais être aliénés et démembrés de la *Mense* épiscopale. Frédéric Ragueneau accepta cette proposition, et les commissaires délégués à cet effet (2) pronon-

(1) « Du neuvième septembre mille cinq cent soixante et quinze, Monsieur le « Reverendissime Evêque de Marseille, pour satisfaire à la somme de deux « cents septante-cinq livres, et frais qu'il devoit encore, pour reste de la cotte « du second million de livres accordées au Roy par le Clergé de son Royaume, « auroit, par sa déclaration signée de sa main, déclaré vouloir mettre et ex-« poser en vente la jurisdiction haute, moyenne et basse, avec tous les droits « et dépendances tant de Regales que autres, qu'il a comme Baron d'Aubaigne « Seigneur temporel et jurisdictionel du lieu et place de Saint-Marcel, mem-« bre dépendant de la dite Baronie, sur le ténement de terres cultes et incul-« tes, etc., appelés la Reynarde, détenus et possedés par Pierre Huc, Escuïer; « et ensemble sur autres ténemens de terres cultes et incultes etc., appellés du « quartier des Bastides des Camoins tenuës et possédées aprésent par plusieurs « du surnom de Camoin, etc. (Extrait de la procédure des Commissaires. *Archives de l'Evéché, numéro A*)

(2) Ces commissaires étaient : Jean Doria, vicaire général et official de Ragueneau ; Balthazard Catin, lieutenant général du Sénéchal de Provence, et Jean-Pompone Doria : ce dernier avait été, à son tour, vicaire général et official de l'Evêque.

cèrent dans ce sens une sentence qui fut confirmée par les Cardinaux qui se trouvaient alors à Paris, et ensuite par des Lettres-Patentes du Roi, en date du 6 mai 1578, que le Parlement de Provence enregistra le 3 juin 1579.

Nous ne nous arrêterons pas à certains détails dans lesquels Belsunce a dû entrer au sujet de l'administration de Ragueneau, et qui trouvaient naturellement place dans *l'Histoire des Evêques de Marseille.*

Nous devons nous borner à consigner ici les principaux faits qui marquèrent son épiscopat.

En 1578, nous voyons Ragueneau s'opposer aux exercices de la religion réformée, dont la ville de Signe commençait à devenir le théâtre ; comme les prédicateurs calvinistes résistaient à ses injonctions, l'Evêque en référa au Parlement de Provence, lequel, en vertu d'un arrêt, défendit de faire à Signe aucun exercice public du culte protestant.

Tout en réprimant les tentatives de l'hérésie, notre Evêque s'occupait de l'instruction religieuse de ses ouailles. Dans ce but il fit prêcher, cette même année, le carême à Marseille par le Père Mathias Belintani da Sallo, prédicateur célèbre et commissaire général de l'ordre des Capucins en France.

On fut si touché des discours de ce religieux, qu'on désira avoir à Marseille un couvent de son ordre, qui était en grande réputation de sainteté. Le Père Belintani, cédant à de pressantes sollicitations, se détermina à y en établir un. Il présenta, à cet effet, une requête à l'Evêque qui en accorda la permission par un décret daté du 3 avril 1578, et adressé aux Frères Religieux de St-François.

La ville de Marseille ne fut pas moins favorable aux Capucins que le prélat. Elle consentit à l'établissement de ces Religieux, par une délibération du Conseil Général, auquel assistèrent trois Consuls : André de Gerente, François Martin et François Seguier ; l'Assesseur, qui était M. Augier Mollet, et un grand nombre de Conseillers. Le Viguier, François de Morineau, se trouva. selon l'usage, à cette assemblée (1).

La Reine-Mère étant venue à Marseille. l'année suivante, pour apaiser les troubles dont cette ville était agitée, voulut être fondatrice des Capucins, dont elle aimait et protégeait l'ordre. Elle destina à cette fondation un enclos de vignes et de jardins qu'elle acheta de la Maréchale de Biron, Jeanne d'Ornesan, fille de Bertrand d'Ornesan, général des galères de France, et posa de ses propres mains, le 15 juin 1579, la première pierre du couvent, sur laquelle on avait gravé son nom et ses armes.

(1) Belsunce. — *L'antiquité de l'Eglise de Marseille et la succession de ses Evêques*. t. III, p. 252 et 253.

La construction de cet édifice fut interrompue à cause des guerres civiles, et les Capucins se virent obligés de faire construire, du produit de leurs quêtes, quelques cellules, en attendant que les troubles qui agitaient l'État fussent apaisés.

Les Minimes s'établirent dans notre ville, d'après Ruffi, *trois jours après que les Capucins y furent introduits* (1).

On commençait à goûter à Marseille les douceurs de la tranquillité que la Reine y avait établie, lorsque notre ville fut tout-à-coup frappée de deux terribles fléaux : la peste et la famine (1580-1581).

« La peste fut si cruelle, — dit Ruffi, — et la famine si « étrange, qu'elles y firent périr plus de trente mille per- « sonnes. »

Dès que la maladie fut constatée, Henry d'Angoulême, Grand-Prieur de France, qui faisait sa résidence à Marseille, en sortit, mais l'Evêque y resta, et fut témoin des maux que son peuple eût à souffrir.

Nous renvoyons aux ouvrages de Ruffi, de Papon et de Belsunce pour les détails navrants de cette terrible invasion.

A l'époque de la ligue, Raguencau, dont le dévouement au Roi était connu, fut contraint de quitter Marseille à plusieurs reprises et de se réfugier, d'abord, dans son château-fort d'Aubagne, puis à Aix, où il joignit le Duc d'Angoulême qui luttait vivement alors contre les ligueurs ; et il ne revint dans sa ville épiscopale qu'après l'arrestation de Louis de la Motte Dariés, second consul, chef du parti hostile aux huguenots, dont le prélat avait refusé de favoriser les desseins que méditait celui-ci sous un faux prétexte de ferveur religieuse (2).

Le sieur De Vins, chef de la Ligue, en Provence, ayant envoyé à Marseille un de ses partisans, nommé Besaudun, pour y former un parti considérable contre le Roi, Ragueneau craignit que son attachement pour Sa Majesté n'excitât contre lui la fureur des factieux dont le nombre augmentait chaque jour, et abandonna de nouveau la ville où il ne se croyait plus en sûreté ; il en sortit pour aller joindre la Valette qui commandait en Provence pour le Roi. La haine que les ligueurs faisaient paraître contre lui, le déterminèrent à passer en Italie, à la suite de Christine de Lorraine qui allait épouser Ferdinand, grand Duc de Toscane, et que treize galères, commandées par Pierre, frère du grand Duc, attendaient dans le port de Marseille. N'osant pas traverser la ville avec la Princesse, il se rendit en bateau à bord d'une des galères qui se trouvaient placées à l'embouchure du port.

(1) *Histoire de Marseille*, t. II, p. 72.
(2) Dariés fut pendu le 13 avril 1585, à minuit, sur la place qui est située devant le Palais de Justice actuel.

Après l'avènement et l'abjuration de Henri IV , Ragueneau
revint à Marseille (1596) où il n'avait plus rien à redouter des
partisans de la Ligue ; il assista l'année suivante à la séance
d'inauguration de la Chambre de Justice instituée par un édit
royal , ainsi qu'à la procession commémorative de la soumis-
sion de Marseille au Souverain. Cette Chambre, composée de
plusieurs Membres du Parlement de Provence, devait juger les
causes en dernier ressort.

L'Evêque ne tarda pas à ressentir de nouvelles alarmes.
Dès 1598 , la peste reparut dans la cité phocéenne ; et , bien
que ses ravages ne fussent pas aussi terribles qu'en 1580 , les
Officiers de la Chambre de Justice furent obligés de quitter la
ville. Ils voulurent se réfugier à Aubagne , terre qui appartenait, comme nous l'avons dit, à l'Evêché , mais le Parlement de Provence ayant fait défense de les y recevoir, ils se
retirèrent dans quelques bastides du territoire. Ce fléau dura
peu de temps , mais il emporta néanmoins quatre mille personnes. Il avait entièrement disparu l'année suivante , lorsque
Marguerite d'Autriche , qui allait épouser Philippe , troisième
roi d'Espagne, aborda aux Iles avec quarante galères. Le Duc
de Guise, Gouverneur de la Province, l'invita à entrer dans la
ville, mais la princesse refusa. Si l'Evêque fit en cette cir-
constance quelque démarche de politesse à l'égard de Marguerite, l'histoire de Marseille n'en parle point.

Ruffi, en décrivant l'arrivée de Marie de Médicis que le Roi
attendait à Lyon pour l'épouser, et en racontant ce qui se
passa durant le séjour de cette princesse à Marseille, ne dit
rien de Ragueneau , si ce n'est qu'il lui rendît ses hommages
avec plusieurs autres Prélats et Seigneurs. « sur une plate-
« forme qu'on avait dressée avec beaucoup d'art, pour la recevoir (1). »

Nous ne remarquons aucune autre particularité à enregistrer pendant l'épiscopat de Ragueneau qui dura trente-trois
ans, à l'exception de sa fin tragique.

« Ce prélat, dit Belsunce (2), digne de l'estime de son Sou-
« verain et de son peuple à cause de ses grandes qualités, fut
« peu connu à la Cour, et peu aimé dans son Diocèse. Il eût
« bien des chagrins à essuyer et bien des dangers à courir
« durant son épiscopat. Il avoit très-prudemment prévenu les
« attentats que les ennemis du Roy auroient pu commettre
« contre sa personne. mais il ne se défia pas assez de la haine
« que quelques-uns de ses vassaux avoient pour lui , et qu'ils
« avoient fait paroître par des menaces, et peut-être même
« par des voyes de fait. »

Il s'était cru obligé , en effet, dès l'an 1583 , de réclamer

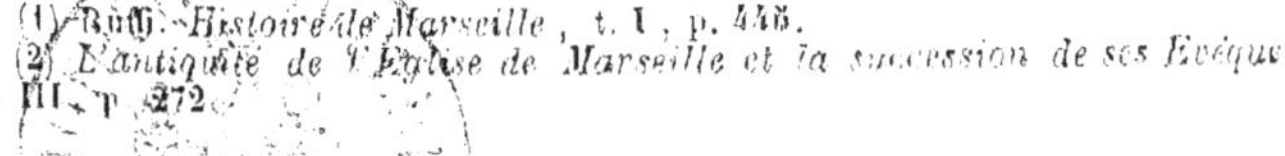

(1) Ruffi. Histoire de Marseille , t. I , p. 448.
(2) L'antiquité de l'Église de Marseille et la succession de ses Évêques.
t. III , p. 272.

contre eux la protection du Roi ainsi que l'autorité du Parlement de Provence ; et cette Compagnie avait défendu aux habitants de la Baronie de Signe *de rien attenter contre lui, ni
contre ses Officiers, fermiers ou domestiques, ni contre leurs
biens, à peine de mille écus d'amende et de punition corporelle.*
Elle avait même rendu les Consuls responsables des excès
qui seraient commis à cet égard, s'ils n'en dénonçaient pas
les auteurs.

Cet Arrêt contribua peut-être à rassurer Ragueneau sur le
danger qu'il courait en demeurant à Signe. De nouveaux ar-
rêts qu'il avait obtenus contre les Consuls, contre les Recteurs
de l'Hôpital, et contre un grand nombre de particuliers pour
les obliger à lui *passer reconnaissance* de leurs biens, comme
à leur Seigneur direct, avaient fortement indisposé les es-
prits.

Il fut assassiné par des scélérats masqués, le vendredi 26
septembre de l'année 1603, dans son château de Signe, qui
n'existe plus aujourd'hui. Un individu de la bande, nommé
Claude Bausset, natif du Castelet, lui tira un coup de pistolet
à bout portant. La mort fut instantanée.

Son corps fut transporté de Signe à Marseille et placé dans
le tombeau des Evêques, le 1ᵉʳ octobre de la même année.

D'après un portrait que l'on conservait encore du temps de
Belsunce, dans la salle capitulaire de la Cathédrale, Ragueneau avait le visage allongé, les yeux petits, le menton un peu
pointu, le teint basané et quelque chose de triste et de rude
en même temps dans l'ensemble de la physionomie.

On verra dans l'Arrêt que nous réimprimons les diverses
peines infligées aux meurtriers qui étaient au nombre de onze,
ainsi que les obligations auxquelles fut soumise annuellement
la Communauté de Signe dans la personne de ses Consuls, en
expiation du crime commis. Nous nous dispensons de les
enregistrer ici ; toutefois, nous devons citer, en terminant, ce
que dit Belsunce, au sujet de ces diverses obligations dont
Henri IV, après 37 ans, releva enfin en partie la Communauté
de Signe.

« Rien n'étoit plus humiliant pour les Consuls de Signe
« que de venir chaque année dans l'Eglise Cathédrale y of-
« frir un flambeau, et faire une espèce *d'amende honorable,*
« pour un crime auquel ils prétendaient n'avoir eu aucune
« part. Après avoir essuyé cette humiliation durant trente-
« sept ans, ils eurent recours à la Justice, et à la clémence du
« Souverain. Ils exposèrent dans la Requête qu'ils présentè-
« rent au Roi, que les coupables avoient été condamnés par
« le Parlement, que quoique par un Arrêt du sixième de juin
« mil cinq cent quatre vingt trois, vingt ans avant le *meurtre*
« de Frédéric Ragueneau, ce Prélat, *ses Officiers, Rentiers,*

« serviteurs et domestiques, eussent été mis sous la protection
« et sauvegarde de Sa Majesté, et en la garde particulière de
« la Communauté de Signe, à cause de quelques procès qui
« étoient entre lui et la Communauté, néanmoins on ne de-
« voit pas les rendre responsables du crime commis en sa
« personne, puisque ces procès avoient été terminés par
« transactions faites entre eux et homologuées au Parlement
« de Provence, en mil cinq cent quatre vingt quinze, et mil
« cinq cent quatre vingt dix-sept, et que depuis ce temps-là
« les parties avoient vécu paisiblement ensemble et sans aucun
« procès ni différent.

« Ils ajoutoient que ni eux ni leurs prédécesseurs ne pou-
« voient être soupçonnés de l'infraction de la sauvegarde
« prétendue faite il y avoit quarante ou cinquante ans ; que
« les principaux et plus notables habitants de Signe refu-
« soient le Consulat pour ne s'exposer pas à la honte desdites
« assistances et offrandes personnelles ; enfin, ils requéroient
« humblement Sa Majesté de vouloir bien les décharger de
« cette humiliante obligation, ou au moins la commuer en
« une aumône proportionnée à la pauvreté de leur Commu-
« nauté.

« Le Roi, de l'avis de la Reine sa mère, Régente du Royaume,
« la commua en une amende de vingt livres tournois payables
« tous les ans à l'Hospital de Marseille, au cas où les héritiers
« du défunt y eussent consenti, ou y consentissent. Le surplus
« de l'Arrêt du Parlement sortissant son plein et entier effet.

« Ces Lettres-Patentes datées du mois d'avril 1646, furent
« enregistrées au Parlement de Provence, le 21 juin de la
« même année, et signifiées au Chapitre de la Cathédrale le
« cinquième du mois de septembre suivant.

« Nous n'avons trouvé, — ajoute Belsunce, — aucun ves-
« tige du consentement des héritiers de Frédéric Ragueneau ;
« mais il y a longtemps que les Consuls de Signe ne viennent
« plus à l'Eglise Cathédrale offrir le flambeau de cire blan-
« che (1). »

Frédéric de Ragueneau eût pour successeur au siège épiscopal de Marseille, Jacques Turricella, originaire de Toscane,
d'une famille noble, Religieux de l'Etroite-Observance de
St-François, Docteur en théologie et Confesseur de la Reine
Marie de Médicis. Nommé par le Roi en 1604, ses Bulles furent
expédiées le 19 janvier 1605.

Turricella fit le mois de mai de la même année, son entrée à
Marseille, et se rendit à la Cathédrale précédé du Clergé et
de tous les Ordres religieux qui étaient allés en procession le
recevoir aux portes de la ville. Cet Evêque ne fut pas plus
heureux que son prédécesseur, car treize ans après, son valet
de chambre l'empoisonna pour s'emparer de son argent.

Casimir Bousquet.

(1) L'antiquité de l'Eglise de Marseille et la succession de ses Evêques,
t. III, p. 2 et 273.

ARREST DONNE'
PAR LA COVR

DE PARLEMENT

DE PROVENCE

SVR L'EXECRABLE MEVRTRE ET
ASSASSINAT PRODITOIREMENT

commis au lieu de Signe, en la personne de feu
Reuerendissime Federic de Ragueneau
viuant Euesque de Marseille, Seigneur, Baron dudit Signe.

* *
*

A AIX,

Par IEAN COVRRAVD et PHILIPPE COIGNAT
Imprimeurs ordinaires de ladite ville.

M.DCVIII.

ARREST DONNE' PAR LA COVR DE

PARLEMENT DE PROVENCE SVR

*l'execrable meurtre et assassinat prodictoirement
commis au lieu de Signe, en la personne de feu
Reuerendissme Federicq de Ragueneau viuant Euesque de Marseille, Seigneur
Baron dudit lieu.*

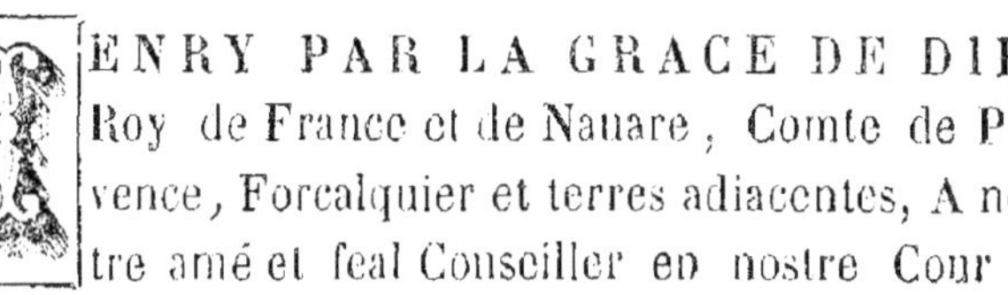

ENRY PAR LA GRACE DE DIEU
Roy de France et de Nauare, Comte de Provence, Forcalquier et terres adiacentes, A nostre amé et feal Conseiller en nostre Cour de
Parlemêt dudit Pays, Maistre Anthoine Seguiran, et au
premier des Huissiers d'icelle, ou nostre Sergêt surce
requis, Salut. Sçauoir faisons que veu par nostre dite
Cour, la grand Chrambre et Tornelle assemblees, le proces criminel et procedures faictes tant par le Iuge du lieu
de Signe Lieutenant de nostre Seneschal au Siege de nostre ville de Brignolle que par authorité de la Cour à la
poursuitte de Iacques de Gourry sieur du Plessis en Touraine, en son nom et côme pere et legitime administra-
teur de ses enfans, et de Damoyselle Anne de Ragueneau
leur mere, demandeurs et querellants en cas de meurtre
et assassinat proditoirement commis en la personne de feu
messire Federic de Ragueneau Euesque de nostre ville
de Marseille, les Scyndics Generaux du Clergé de nostredit Pays de Prouence ioincts au proces pour leur interest,
et nostre Procureur General. Contre Hercules Venel dudit lieu de Signe querellé prisônier detenu aux prisons du
Palais, et François Amalric fils de Balthezard dudit Signe
aussi querellé, deffaillant et contumax, et ledit de Goury

demandeur en contrauention d'Arrest , et infraction de
sauuegarde octroye audit Euesque et autres fins par eux
et le Procureur General du Roy prinses contre les Consuls
et Communauté , manans et habitans dudit lieu deffen-
deurs. Iacques Reboul Viguier , Anthonette Amalricque ,
Iulles Barbaroux , et Frâçois Busson prisôniers , Andre
Amalric, Claude Venel , Pierre Nissart, Claude Verguin ,
André Reboul, Iean Guichard, Anthonette Boniface, Marquise Bilhonne, Pierre de Gaye detenus sous l'Arrest de
ceste ville. Les informations prinses par ledit Lieutenant
du 27. et 28. Septembre 1603, Autres charges et informations prinses sur le faict dudit assassinat par les Commissaires deputez du 28 dudit mois. Rapport faict par le Chi-
rurgien dudit excez et blesseures du 29. Interrogatoires et
responces des Hostes et Cabaretiers dudit Signe. Interrogatoires et responces des Consuls et principaux habitâs
dudit lieu du dernier dudit moys de Septembre. Autres
informations prinses par authorité de la Cour du 8. Octobre suiuant. Continuation d'informatiô du 7. et 11. dudit
moys. Proces verbal du Iuge dudit lieu contenant le dire
et deposition de Marguerite Roncassi. Responces de Claude
Venel, François Busson du 17 dudit moys d'opposition de
Iean Cabre. Examens et responces de Pierre Nissart,
Claude Verguin, Iacques Reboul, André Amalric du 13.
dudit mois. Arrest du 27 Nouêbre suiuât, qu auant proce-
der seroit informé d'office de certains faicts resultants du
proces à la diligence du Procureur General. Et Claude
Bausset prins et saisi au corps, et à faute de pouuoir estre
apprehendé, adiourné à trois briefs iours pour respôdre sur
les fins et côclusions de nostre dit Procureur General et
partie querellante , et enioinct ausdits Claude Venel et
Pierre Nissart de le représêter et rêdre aux prisons du Palaix
dans vn mois precisement, et à ses fins l'Arrest leur aurait

esté amplié par tout, en passât les Submissions et caution-
nant l'vn pour l'autre de se représêter , exploict de pre-
têdue diligence faicte par lesdits Venel et Nissart de treu-
ver ledit Bausset. Le premier Decembre audit an autres
exploicts de perquisition. Lettres exécutoires obtenues par
ledit Euesque du 3. Iuin 1583, en vertu de l'Arrest donne
le 6 dudit moys, par lequel entre autres choses ledit Euesque seroit esté mis soubs la protection et sauuegarde du
Roy et de la Cour , auec inhibitiôs et deffences à toutes
personnes , et à ladite Communauté, Manans et habitans
de l'outrager ou exceder, ny ses Officiers , Rentiers, Serviteurs et Domestiques en leurs personnes et biens , à
peine de mil escus , et de punition corporelle selon l'exi-
gence du cas, et tant eux que leurs biens seroyent estez
mis en la garde d'icelle Communauté et particuliers : et si
aucun excez estoit faict contre eux et leurs biens . ladite
Communauté ferait toutes diligences de denoncer et faire
main-forte pour aprehender et representer à Iustice les
delinquants et malfaicteurs, autrement les Consuls et administrateurs qui seroyent lors dudit excez seroyent adiournez en personne pardeuant la Cour pour respôdre desdits excez et y estre procédé ainsi qu'il appartiendroit.
Arrest du 8. Auril 1604. par lequel auroit ésté ordonné
que lesdits Consuls et Communauté seroyent appellez pour
venir deffendre aux fins et conclusions prinses par ledit
querellant sur l'infraction et contrauention dudit Arrest et
sauuegarde. Acte d'accord portât liquidation des sommes
deues audit Euesque par ladite Communauté du 14. Juin
1595. transaction entre eux faicte le 17. Aoust 1597. Arrest du consentement desdites parties sur l'esmologation
de ladite transaction . et terme des payements pour les
sommes y côtenues du 20. Aoust 1 02. charges et informations prinses par M. Braquety Iuge dudit Signe , et

Commissaire deputé du 24. Iuillet 1604. remises par ledit M. Braquety le 3 Iuin 1605. Autre information prinse par M. Boniface Bermond Conseiller en ladite Cour du 20. May audit an. Arrest du 27. dudit mois 1605. par lequel pour le proffit des deffauts et causes resultants du proces: Auroit condamné ledit Bausset à faire amande honnorable vn jour d'Audience en chemise, à genoux, teste et pied nuds, lé hard au col, tenant vne torche ardante entre ses mains, demander pardon à Dieu, au Roy et à Iustice, et ce faict estre liuré entre les mains de l'executeur de la haute iustice et trainé sur vne claye par les lieux et carrefours accoustumez de nostre ville d'Aix iusques à la place des Iacopins, et sur le pillory d'icelle auoir ses bras et iâbes rôpues et brisees, et après mis sur la roüe pour y viure tât qu'il plairra à Dieu : et outre ce le condâne en six mil liures d'amande enuers les héritiers dudit messire Ragueneau pour leurs dommages, interest et iniures, et aux despens et frais de iustice. Declare le reste de ses biens acquis et confisquez à nous, et s'il ne peut estre apprehendé sera executé en effigie. Neant-moins ordonné que lesdits Consuls, Communauté, ma-nans et habitans representeront ledit Bausset et autres coupables dudit assassinat aux prisons du Palais dâs deux mois precisement : passé lesquels à faute d'y auoir satis-faict sera procedé contre eux, à la déclaration du droict, fins et côclusions de nostredict Procureur General et du querellant. Lettres de commission pour informer sur l'as-sassinat commis en la persône dudit feu Euesque du 27. dudit mois et an. Autres responces dudit Claude Verguin dudit iour et an. Responces de Iacques Reboul, François Busson, André Amalric du 28 dudit moys et an. Auditiô de ladite Hugonne dudit iour. Procès verbal du Commis-saire à ce député du 8. Iuin 1605. contenant l'emprisonnement dudit Hercules Venel, interrogatoires et responces dudit Venel du 11. dudit mois et an. Autres et nouuelles charges et informatiôs prinses par ledit Commissaire du 12 dudit mois de iuin. Responces d'Isnard Lieutaud, Marguerite Baussette, Marguerite Panouze, Estienne Iullian, Victor Lobon, Catherine Baussette et Iacque Panouze du 13. 14. et 15. dudit mois et an. Arrest du 28. dudit moys qu'il serait procedé extraordinairement contre ledit Venel. Autre Arrest du 11. Iuillet 1605. par lequel ledit François Amalric auroit esté declaré vray contumax et defaillant, et ordonné que les tesmoings ouys à l'information seroyent recollez à leur deposition par ledit Commissaire. Interrogatoires et responces de Iean Canorgues, Camille Billonne, Claude Verguin et Peiron Nissart du 20 22. et 24 Iuillet audit an. Proces extraordinaire faict audit Hercules Venel du 21. dudit mois et an. Deffaut obtenu contre dudit Frâçois Amalric dudit iour, et recollement des tesmoings contre ledit Amalric deffaillant, interrogatoires et responces d'Anthoinette Hugonne, et Susanne Correnque. Du premier Aoust suiuât l'information du 15. Octobre, contenant la depposition d'Anthoine Nissart. Autre information du dernier dudit mois d'Octobre 1605. Arrest du 22. Decembre 1605. portât que Iacques Reboul se viendroit remettre en estat, et que Pierre de Gaye, Marquise Billonne sa fême, Iules Barbaroux, Anthoinette Boniface, Anthoronne Hugonne, Anthonette Almaricque et Claude Verguin seroyent adiournez en personne, et que Loys Braquety Aduocat, et la femme d'Honnoré Granet seroyent adiournez comme tesmoings. Lettres sur ce leues, et exploicts interrogatoires, et respôces de Iacques Reboul du 10. Ianuier 1606. Arrest du 13. dudit mois et an. Ordonnance qu'Anthoinette Boniface seroit recolee contre François Amalric, et accaré à Hercules Venel sur les responces par elle faictes, le 11. dudit mois et an. Interrogatoires et respôces de Iules Barbaroux dudit iour et an. Arrest portant qu'il se-roit procedé extraordinairement contre dudit Barbaroux , du 19. dudit mois , le proces extraordinaire côtre luy faict du 27 suiuant. Interrogatoires et responces de Pierre de Gaye du 12. dudit moys de Ianuier. Arrest qu'il sera pro-cédé contre luy extraordinairement du 19. et 27. iour du-dit mois de Ianuier.Interrogatoires et responces de Marquise Billoune. Arrest du proces extraordinaire, et ledict proœes contre elle faict du 12. 19. et 27. dudit moys et an. Les interrogatoires et responces de ladicte Anthonette Boniface. L'Arrest de proces extraordinaire et la confrontation des tesmoins à elle faict du 12. et 27. dudit mois. Interroga-toires d'Anthonette Amalricque du 16. dudit mois. Arrest de proces extraordinaire, recollement et côfrontation de tesmoings accarez à ladite Amalricque du 19. et 27. Ian-uier audit an. Interrogatoires et responces de Anthoinette Hugonne du 17. dudit mois. Arrest qu'il seroit procedé extraordinairement contre ladite Hugonne du 19. dudit mois, le proces extraordinaire côtre elle faict. Autres in-formations prinses par ledit Commissaire deputé sur le mesme meurtre d'assassinat du 14 dudict mois de Ianuier 1606. Interrogatoires et responces d'André Reboul du 26. suiuant. Arrest qu'il seroit procédé extraordinairement contre ledit Reboul du 27. et le proces extraordinaire du 28. du mesme mois et an. Arrest que Iean Guichard sera adiourné en personne du 4. Feurier audit an. Lettres et exploicts interrogatoires et responces dudit Guichard du 17. dudit mois. Arrest de proces extraordinaire du 18. et ledit proces extraordinaire du 24. dudit mois et an. Inter-rogatoires et responces de Claude Icard. Arrest que toutes les susdites procedures scroyent ioinctes au proces princi-pal poursuiuy contre Hercules Venel et Frâçois Amalric du 1. Feurier 1606. Autre Arrest qui sera enioinct à

Iacques Reboul, Anthoinette Amalricque vefue, André
Reboul, Iulles Barbaroux, Pierre de Gaye , Marquise Billonne , Anthoinette Boniface , Anthoronne Hugonne de se
venir presenter et remettre en estat accaration et confrontation des tesmoings audit Iacques Reboul du 27. Feurier
et 15. Auril au dit an. Iugement de reproches donnez par
ledit Reboul , Barbaroux de Caye Billonne , Amalricque ,
Boniface, Hugône, André, Reboul et Iean Guichard du 28.
Auril 1606. Confrontation et accaration faicte audit Hercules Venel du 9. May audit an. Iugement de reproches
donnez par ledit Venel contre les tesmoings du 2. Iuin
1606. Responces faictes dans la chambre du Conseil par
Iacques et André Rebouls , Iean Guichard , Marquise Billonne , Anthoinette Boniface et Anthoinette Hugonne du
26. dudit mois et an. Arrest que lesdits Rebouls, Guichard
et Billonne seroyent appliquez à la question et torture , et
ladite Hugonne à la ligature du 27. dudit mois et an, auec
les exploicts de la question du mesme iour. Responces de
Iacques Reboul dans ladite Chambre du Conseil du lende-
main 28. Iuin. Responces de Claude Verguin faictes dans
ladite Châbre auec la confrontation dudit Verguin audit
Reboul du dernier dudit mois et an , et autre côfrontation
de Pierre Nissard audit Reboul du mesme iour et an. Au-
dition de Loys Espinas du 20. Nouembre 1607. Arrest du
21. dudit mois que ledit Espinas sera confronté audit Hercules Venel. Accaration et confrontation d'iceluy audit Venel du mesme iour et an. Autres charges et informations
du 3. Ianuier dernier sur ledit assassinat. Responces de
Iulles Barbaroux et d'Anthoinette Amalricque faictes dans
la Chambre du 3. du present moys. Arrest que lesdicts
Iulles Barbaroux et ladicte Amalrique seront appliquez à
la question et torture du 4. de ce mois , les exploicts de
ladite question dudit iour. Les responces d'Hercules Venel

et accaration et confrontation de Claude Verguin audit Venel faictes dans la Chambre du 5. dudit mois. Arrest du 6.
que ledit Venel sera appliqué à la question ordinaire et extraordinaire pour auoir la vérité de sa bouche dudict assassinat sans preiudice des choses verifiees , les exploicts
de la question dudit Venel. Conclusions de nostredit Procureur General et desdits querellans , deffences et côtre-
dicts de ladite Cômunauté, et le roolle de leurs debtes mis
au sac. Par requeste tout consideré , et tout ce que par les
parties a esté escript et produict ICELLE NOSTREDITE
COVR PAR SON IVGEMENT ET ARREST du 12. de
ce mois iugeant le proffict des deffauts obtenus contre ledit
François Amalric, l'a déclaré et déclare attaint et con-
uaincu du cas et crime à luy imposé pour reparation du-
quel l'a condamné et côdamne à faire amande honnorable
vn iour d'Audiance en chemise, teste et pieds nuds, la hart
au col, tenant vne torche ardante en ses mains, et à genoux demander pardon à nous et à Iustice, et ce faict est re
liuré ez mains de l'executeur de la haute Iustice pour
estre trainé sur vne claye par tous les lieux et carrefours
de nostre ville d'Aix accoustumez iusques à la place des
Iacopins et sur le pilory d'icelle , auoir les bras , iambes et
rains rompus et brisez et après mis sur vne rouë pour y
viure tant qu'il plairra à Dieu . faisant inhibitions et deffences à toutes personnes luy ayder ny secourir sur peine
de punition corporelle , et ce si apprehendé peut estre,
sinon estre executé en effigie , et l'a condamné en six mil
liures d'amande enuers lesdits querellants pour leurs dommages interests , et iniures , et aux despens et frais de
Iustice le concernant declarer le reste de ses biens acquis
et confisquez à nous. Et pour le regard dudit Hercules
Venel pour les causes resultants dudit proces, l'a condamné
et côdamne à nous seruir à nos Galleres du port et haure

de nostre ville de Marseille pour forcere sa vie durant , et
à ces fins sera conduict dans la Realle. Luy a faict inhibitiôs et deffences d'en sortir sur peine d'estre pendu et es-
tranglé sans autre forme ny figure de proces , et au Lieutenant et autres Officiers de ladite Gallere de le permettre
sous quelque cause et pretexte que ce soit sans en aduer-
tir la Cour sur peine de dix mil liures d'amande dez à présent declaree et autre arbitraire. Le condamne en mil
liures d'amâde enuers nous , et deux mil liures enuers les
dits querellans et aux despens. Le concernant et faisant
droict sur les fins et conclusions prinses tant par nostredict
Procureur General , que les querellans pour l'infraction et
contrauention de sauuegarde portee par l'Arrest du 6.
Iuin 1583. iniures et mesprix faicts au corps et memoire
dudit desfunct Euesque, conniuences et dissimulations et
autres causes resultans dudit proces. A condamné ladite
Communauté en deux mil liures d'amande enuers nous. et
dix mil liures enuers lesdits querellans. Et neantmoins a
ordonné et ordonne que tous les ans le 26. iour de Septê-
bre sera dicte et celebree vne Messe solemnelle des trespassez pour l'ame et memoire dudit deffunct en l'Eglise
Majour de nostredicte ville de Marseille, à laquelle le premier Consul dudit Signe , et en cas d'empeschement legitime le second sera tenu d'assister et offrir vn cierge de
cire blanche du poix de deux liures et ce a peine de trois
cens liures d'amande au propre et priué nom desdits Consuls, applicables à la reparation et ornements de ladite
Eglise sans le pouuoir reietter sur le corps de ladite Communauté. De laquelle assistance sera tenu registre par le
Chapitre. et pour la fondation et dotation de ladite Messe.
Condamne ladite Communauté payer et faire porter au
Receueur dudit Chapitre annuellement audit iour la sôme
de 30. liures tournois à peine du double dez a présent de-

claréc. Comme aussi ordoñne que tous les Vendredis perpetuellement sere dicte vne Messe des trespassez en l'E-
glise dudit lieu de Signe pour l'ame dudict deffunct cô-
mençant au premier Vendredy d'apres Pasques prochaines.
Et pour la dottation d'icelle a condamné ladicte Communauté payer annuellement pareille somme de 50. liures
chaque iour et Feste de S. Michel à celuy qui sera commis par l'Euesque dudit Marseille soubs la mesme peine
du double. Et outre ce a mis et mes soubs nostre protection et sauuegarde de nostredicte Cour et particuliere des
Consuls, manans et habitans dudit lieu de Signe, les personnes biens et familles de Iean le Moyne et autres ageans
et Procureurs desdits querellans, Claude et François Ver-
guins, Pierre et André Amalrics, Pierre Nissart, Loys
Longi, Toussans Michel, Camille Billonne, Anthonette
Boniface, Anne Garniere, Gaspard Amalric, Barthelemy
Geoffroy et Iean Bouffier lesmoings ouys audict proces.
Faisant inhibitions et deffences à toutes personnes de
quelques estat et qualité qu'ils soyêt, et ausdits Consuls,
manâs et particuliers dudit Signe d'iniurier ny offencer de
faict ou de parolles, les sus nommez, leurs femmes, enfants et domestiques en leurs personnes et biens, ny bailler aucun ayde, faueur ny retraicte ausdits François
Amalric et Claude Bausset deffaillans, ains leur enioinct
où ils le pourront d'iceux prendre et constituer prisonniers
sur peine de dix mil liures d'amâdes, despens dommages
et interests, et de punition corporelle : et sur la retraicte
donnée ausdicts Amalric et Bausset deffaillâs ordonne qu'il
sera informé par le Commissaire à la dilligence de nostredit Procureur General et des querellans. Condamne ladite
Communauté au surplus des despens dudit proces. Et
neantmoins ordône qu'elle sera executee pour tous les
despens adiugez contre desdits Venel, Amalric et Bausset,

sauf à ladite Cômunauté son recours sur les biens desdicts
condamnés pour les despens les côcernants, et pour ce que
côcerne, lesdits Iacques Reboul, Iulle Barbaroux, François
Busson et Anthonette Amalrique prisonniers , Claude Venel , Pierre Nissart , Andrè Amalric , Iean Guichard,
Pierre de Gaye, André Reboul, Claude Verguin , Anthonette Boniface , Marquise Billonne et Anthonette Hugonne
detenus soubs l'Arrest de la ville : Ordonne qu'il sera
contre d'eux plus amplement informé au moys par le
Commissaire deputé pour ce faict communiqué à nostredict Procureur General et raporté y ordonner ce que de
raison , et cependant les a eslargis et eslargist par tout en
passant les submissions par deuers le Greffe criminel de
ladite Cour de se représenter et remettre en estat quand
sera dict et ordonné , ou à faute de ce demeurer a droict et
payer le iuge. Ordonne ladicte Cour que le present Arrest
sera gravé sur deux tables de cuiure aux despens de
ladite communauté , pour estre l'vne d'icelles mise dans
l'Eglise Majour de nostredicte ville de Marseille , et l'autre en l'Eglise dudict Signe. POVR AVOIR L'EXECVTION
DVQVEL ARREST L'EDICT DE GOVRY ESDITES qualitez aurait
donné Requeste à nostredicte Cour , laquelle par son ordonnance du iour et datte des presentes retenue au Greffe,
en ce où sera requis cognoissance de cause et à la Barre.
Aurait commis vous nostredict Conseiller, et au demeurât
toy dict Huissier ou Sergent. POVRCE EST-IL QVE NOVS
suiuant ledict Arrest et Ordonnance : Vous mandons et
cômetons par ces présentes, que veu ledict Arrest iceluy
mettez à deüe et entiere execution selon sa forme et teneur : Sçauoir vous nostredit Conseiller, en ce ou sera re-
quise cognoissance de cause et à la Barre , et au demeurât
toy dict Huissier ou Sergent , en constraignant à ce faire
et à souffrir lesdits François Amalric , Hercules Venel , et

les Consuls et Communauté, manans et habitans dudict
lieu de Signe et à payer et satisfaire reallement et de faict
comptant audit de Goury, esdites qualitez ou à son certain
Procureur et Messager , sçauoir ledit Amalric la sôme de
six mil liures , ledict Venel deux mil liures, ou les cura-
teurs respectiuement proueu à leurs biens et heritages :
les dits Consuls et Communauté la somme de dix mil
liures qu'ils sont respectiuement condamnez par ledict Arrest , et ce par prinse et saisie de leurs biens plus exploi-
tables , vente et deliurance d'iceux à l'inquant public , nô-
obstant oppositions ou appellations quelconques et sâs préiudice d'icelles, pour lesquelles ne sera differé. Neant-
moins mandons et côomettons par ces présentes à toy dit
Huissier ou Sergent de signifier le contenu audit Arrest au
Preuost et Chanoines et administrateurs du Chapitre de
l'Eglise Majour de nostre ville de Marseille en leur faisant
commandement et inionction de par nous et nostredicte
Cour de faire dire et celebrer vne Messe solennelle des
trespassez pour l'âme et mémoire dudit deffunt Messire
Ragueneau tous les ans le 26.iour de Septembre au grand
Autel de ladite Eglise. Et par mesme moyen monstrer et
signifier le contenu audict Arrest ausdits consuls de Signe
en leur faisant commandement , sçauoir au premier Consul, et en cas d'empeschement legitime au second d'assister et offrir vn cierge de cire blanche du poix de deux
liures à l'offertoire de ladite Messe sur peine de trois cens
liures d'amande en leur propre et priué nom applicables à
la réparation et ornements de ladite Eglise sans les pouuoir rejetter sur le corps de ladite Communauté , et audit
Chapitre d'en tenir Registre. Et pour la fondation de ladite
Messe payer et faire porter annuellement au Receueur dudit Chapitre audit iour la somme de 50. liures tournois à
peine du double dés à present déclaree : Comme aussi, Te

mandons et commettons de signifier à l'Euesque dudit
Marseille le contenu audict Arrest, en luy faisant commandement sur grâdes peines à nous appliquees, de commettre et deputer vn Prestre pour dire tous les Vendredis
perpetuellement vne Messe des trespassez en l'Eglise Par-
rochiale dudit lieu de Signe pour l'âme dudict deffunct,
commençant au premier Vêdredy d'apres les prochaines
Pasques : Et ausdits Consuls et Communauté de payer
annuellement audict Prestre pareilles somme de 50 liures
à chaque iour et feste de S. Michel sur la mesme peine du
double. Et ayant nostredite Cour mis soubs nostre protection et sau uegarde et d'elle, et particulière desdites Consuls, manans et habitans dudit lieu de Signe : Les personnes, biens et famille de Iean le Moyne et autres ageans et
Procureurs desdits querellans, Claude et François Ver-
guins, Pierre et André Amalrics, Pierre Nissart, Loys
Longi, Toussans Michel, Camille Billône, Anthoinette Boniface , Anne Garniere , Gaspard d'Amalric , Barthelemy
Geoffroy et Iean Boffier Tesmoings ouys au proces. Te
mandons aussi et commettons de faire inhibitions et def-
fenses de par nous et ladite Cour à toutes personnes de
quelque estat et qualité qu'ils soyent, et ausdits Consuls,
manans et particuliers dudit Signe , *etiam* à voix de
trompe et cry public par tous les lieux et carrefours dudit
lieu accoustumez. D'iniurier ny offencer de faict ou de parolles directement ou indirectement par eux , ou interpo-
sees persônes, les sus nommez , leurs femmes , enfans et
domestiques en leurs personnes et biens en mettant Gardes
et Panonceaux en leurs maisons, granges et possessions en
signe de sauuegarde gardienne, enfrain, ny bailler aucune
ayde, faueur ny retraicte ausdits François Amalric et
Claude Bausset deffaillans , ains où ils le pourront faire
iceux prendre et constituer prisonniers sur peine de dix

mil liures d'amâde, despens , dommages et interests et de punition corporelle , et sur la retraicte donnee ausdicts Amalric et Bausset deffaillans. Mandons à vous nostredit Conseiller d'informer diligemment, secrettement et bien: et l'information que sur ce faict aurez, remettez par deuers le Greffe criminel de nostredicte cour, pour icelle communiquee à nostre Procureur General , et rapportee y estre, par elle ordonné ce qu'il appartiendra par raison. Et en outre faicts commandement ausdits Consuls et communauté de faire grauer dans vn prompt et brief dillay toute la teneur dudit Arrest sur deux tables de cuiure , et icelles faire mettre et poser l'vne d'icelles dans ladite Eglise Majour de Marseille, et l'autre en ladite Eglise parrochialle de Signe tout ainsi qu'est porté par ledit Arrest. De ce faire donnons à chacun de vous pouuoir et commission, et d'executer le tout , nonobstant oppositions ou appellations quelconques et sans préiudice d'icelles. Mandons et cômandons à tous nos Iusticiers , Officiers et subjects, qu'à vous ce faisants soit obey, en certiffiant par toi dict Huissier ou Sergent nostredicte Cour de ce que faict auras.

Donne' à Aix en nostredict Parlement le 28. Mars 1608. Et de nostre regne le dixneufuiesme. Et scelle du Scel Royal en simple queuë de cire iaune.

    Par la Cour,

                MALIVERNI